AF450848

L'ÉVANGÉLISATION

DES HOMMES

A PARIS

IMPRIMERIE D. DUMOULIN ET Cie
rue des Grands-Augustins, 5, à Paris.

L'ÉVANGÉLISATION

DES HOMMES

A PARIS

PAR

LE R. P. J. LEMOIGNE

De la Compagnie de Jésus.

PARIS

RETAUX-BRAY, LIBRAIRE EDITEUR

82, RUE BONAPARTE, 82

1888

A

S. G. MONSEIGNEUR RICHARD

ARCHEVÊQUE DE PARIS

HOMMAGE

DE PROFOND RESPECT

ET DU PLUS RELIGIEUX DÉVOUEMENT EN NOTRE-SEIGNEUR

J. LEMOIGNE, S. J.

LETTRE

DE S. G. MGR L'ARCHEVÊQUE DE PARIS

Paris, le 29 septembre 1888,
en la fête de saint Michel.

MON CHER ET RÉVÉREND PÈRE,

Vous m'avez prié d'accepter la dédicace de votre travail sur *l'Évangélisation des hommes à Paris;* j'y consens volontiers.

Vous avez voulu résumer en quelques pages les pensées qui occupent aujourd'hui l'esprit et le cœur de tant de prêtres dévoués du clergé séculier et régulier. Cette question méritait d'être traitée dans les réunions sacerdotales du Congrès eucharistique. Votre opuscule rendra permanentes les impressions salutaires que nous avons ressenties, prêtres et fidèles, durant les jours du Congrès où nous avons pu dire plus d'une fois, en la présence de Notre-Seigneur dans l'Eucharistie, la parole des disciples d'Emmaüs : *Nonne cor nostrum ardens erat in nobis, dum loqueretur in via?*

Ce sera pour moi une consolation, dans l'avenir comme dans le passé, d'aller prendre part aux assemblées d'hommes dans nos églises de Paris. Je bénis de nouveau nos prédicateurs avec la confiance que leur travail patient et persévérant sera récompensé par une riche moisson d'âmes.

Veuillez, mon cher et révérend Père, agréer l'assurance de mon affectueux dévouement en Notre-Seigneur.

† FRANÇOIS, *Arch. de Paris.*

PRÉFACE

Le comité du Congrès eucharistique, tenu à Paris, nous avait invité à présenter un rapport sur une œuvre dont nous nous occupons depuis plusieurs années : *l'Évangélisation des hommes*.

Après l'exposé qui en fut fait dans la *réunion sacerdotale* du 5 juillet, cette question parut aux membres du comité d'un si haut intérêt à l'heure présente, qu'ils nous prièrent de publier ce modeste travail en nous affirmant qu'il serait utile et pourrait faire du bien.

Nous offrons aujourd'hui cette *étude* à tous ceux qui désirent se vouer à *la conversion des hommes*.

Est-il besoin de le dire, nous n'avons nullement la prétention de donner des leçons à nos maîtres ou à nos frères dans le ministère sacerdotal : ce sont quelques idées que nous leur soumettons en toute simplicité, afin de contribuer pour notre faible part au triomphe d'une cause qui est si chère au cœur d'un prêtre et au service de laquelle il est plus que jamais nécessaire de mettre toutes les saintes énergies de notre apostolat.

Nous supplions la très sainte Vierge Marie, *refuge des pécheurs,* d'intercéder pour nous.

Daigne le Cœur de Jésus, auquel nous avons consacré notre parole et notre vie, bénir nos humbles efforts et venir au secours de notre faiblesse. Il sait bien le vœu intime de notre âme, c'est qu'Il soit aimé, servi et glorifié !

J. LEMOIGNE, S. J.

Paris, 21 septembre 1888,
en la fête de saint Mathieu, Apôtre et Évangéliste,

Imprimatur

M. G. LABROSSE
Prov. Soc. Jesu.

29 août 1888.

LA CÈNE, D'APRÈS H. FLANDRIN

L'ÉVANGÉLISATION DES HOMMES

A PARIS

MESSIEURS,

Entre toutes les manifestations de la foi et de la piété envers la sainte Eucharistie, il n'en est pas de plus douce au cœur du prêtre ni de plus consolante pour le Cœur Sacré de Jésus, qu'une *communion générale d'hommes* au jour de Pâques ou à la fin d'une mission paroissiale.

C'est vraiment alors que se trouve dès ce monde

réalisé le vœu de notre divin Sauveur avant d'aller mourir : *Pater, sint unum sicut et nos unum sumus !* Et en face de ce résultat, le pasteur et les missionnaires appelés par le pasteur doivent hautement remercier Dieu et le bénir d'avoir atteint le but de leur apostolat.

En effet, tant que, dans une paroisse, on ne verra guère à la table sainte que des femmes et des enfants, la religion ne sera ni assez prise au sérieux ni suffisamment respectée, et n'exercera jamais ni sur la famille ni sur la société l'empire qui lui est dû.

C'est l'homme, c'est le père de famille qu'il faut atteindre, faire rentrer à l'église et ramener à la tête de tous les siens au banquet eucharistique.

Au livre des Actes, il est dit qu'en entrant à Athènes l'esprit de saint Paul était agité, troublé en lui-même : *incitabatur spiritus ejus in ipso;* et pourquoi ? Le texte sacré nous l'apprend quand il ajoute : *videns idololatriæ deditam civitatem !*

Quel est celui d'entre vous, Messieurs, qui en parcourant les rues de Paris, ou bien encore en regardant cette grande cité des hauteurs de Montmartre, n'a pas été troublé comme saint Paul, à la pensée d'un si grand nombre de ses habitants livrés à l'idolâtrie ?

Pourtant dans ces sanctuaires, dans ces églises

dont l'œil aperçoit les flèches élégantes ou les vastes coupoles, Notre-Seigneur Jésus-Christ ouvre son cœur ; il tend les bras à cette génération oublieuse et ingrate, il l'appelle, il veut la sauver ; mais elle ne l'écoute pas, elle court aux temples où de nos jours on adore surtout deux idoles, l'idole de la fortune et l'idole de la volupté. Ne sont-ils pas venus en effet les temps prédits par Bossuet, où l'on tiendra tout dans une égale indifférence, excepté le plaisir et les affaires ?

La communion générale des hommes à Notre-Dame est belle sans contredit. Ces deux mille hommes marchant ensemble à la table sainte, après avoir chanté notre *Credo* catholique, apparaissent comme une haute et solennelle affirmation de foi pratique, en face de l'indifférence et de l'incrédulité contemporaines.

Mais ces hommes qui, le jour de Pâques, communient à Notre-Dame sont venus de tous les quartiers de Paris. Combien y en a-t-il, sans compter les enfants et les jeunes gens qui font partie des patronages ou des catéchismes de persévérance, — *Combien y a-t-il d'hommes au-dessus de vingt ans*, à communier dans chaque paroisse ?

Il serait difficile de le dire et d'énoncer un chiffre quelconque. Que de fois nos dignes prêtres n'ont-ils pas gémi ; que de fois nos vénérés pasteurs, en se rappelant les trente mille, les quarante mille, les cinquante mille, les soixante mille âmes confiées à leur sollicitude, *n'ont-ils pas pleuré entre le vestibule et l'autel,* quand ils voient si peu d'hommes à la table sainte dans le temps pascal !

Sans doute il y a dans chaque paroisse un nombre consolant de femmes pieuses et un petit nombre d'hommes fervents qui communient très souvent. C'est ce qui pourrait faire illusion quelquefois sur le chiffre réel de personnes qui fréquentent les sacrements ; mais *quid hæc inter tantos ?* — Hélas ! où sont les autres et combien sont-ils ?

N'est-il pas désolant aussi de voir la grand'messe désertée par la plupart des hommes ? Ils n'entendent plus de prônes, plus d'instructions ; car, à part quelques circonstances extraordinaires, ils ne viennent pas plus aux vêpres qu'à la grand'messe, et c'est ainsi que nous avons une génération d'hommes fort instruits quelquefois de tout le reste, mais d'une ignorance prodigieuse en matière de religion.

Un zélé curé de Paris nous l'a raconté : comme il avait remarqué dans sa paroisse que les hommes se portaient de préférence à la messe basse de onze heures et demie, il leur fit adresser une allocution par un de ses vicaires les plus distingués et les plus éloquents. — Savez-vous ce qui arriva ? — Au bout de quelque temps, ces hommes s'étaient à peu près tous reportés à la messe basse de neuf heures, où il n'y avait pas d'instruction ! *Noluit intelligere, ut bene ageret.*

Et le nombre d'hommes qui n'assistent pas même à une messe basse le dimanche, qui n'entrent plus à l'église, qui vivent et, trop souvent, qui meurent sans religion et sans Dieu, nul ne pourrait le dire !

Cette situation qui est affligeante, mais sur laquelle il faut avoir le courage de jeter les yeux et de réfléchir sérieusement, n'a pas échappé aux francs-maçons, et l'un d'eux, en se félicitant de la laïcisation des écoles de filles comme des écoles de garçons, écrivait, il n'y a pas longtemps, dans son journal :

« Messieurs les curés, écoutez bien ceci : dans vingt ans, s'il vous reste encore des églises, vous n'aurez plus que de vieilles dévotes à hypnotiser avec vos sermons du haut de la chaire, ou bien au fond de vos confessionnaux. »

Il n'y a là qu'une réminiscence. On le sait, M. de Voltaire avait dit à peu près la même chose que M. de Rochefort. Et l'Église vit toujours, répondait Lacordaire, l'Église marche toujours, l'Église fait chaque jour de nouvelles conquêtes et elle chante son *Credo* sur la tombe de tous ceux qui ont prophétisé sa ruine !

I

COMMENT RAMENER

LES HOMMES A LA SAINTE TABLE

Le programme du Congrès a soumis à nos études *la question des communions générales d'hommes.*

Il semble bien qu'il y a une question préliminaire à examiner, c'est de trouver le moyen de faire rentrer les hommes à l'église, quand il y en a tant qui n'y viennent plus, si ce n'est pour les mariages et les enterrements, et encore pas toujours !

D'autres vous diront, Messieurs, avec quel courage et aux prix de quels sacrifices, MM. les curés de Paris résistent au torrent de l'irréligion, de l'immoralité, et préparent un meilleur avenir par la fondation d'écoles chrétiennes, de patronages et de conférences pour les jeunes gens.

D'autres vous diront encore comment de généreux chrétiens s'éloignent du monde une fois l'année pour se retirer dans la solitude, et, après avoir ramené leur vie devant eux afin de l'interroger et de la juger, raniment leur ferveur et sortent de cette retraite, transformés en véritables apôtres.

Ce sont ces grands chrétiens qui, sans parler de

leurs associations en province, ont fondé à Paris *dix cercles catholiques* dans lesquels ils réunissent cent vingt, deux cents et même trois cents hommes; et non seulement tous ces hommes font leurs Pâques, ils communient encore plusieurs fois chaque année.

Mais ces légions d'hommes sans foi ni loi, qui sont hostiles à la religion, qui ont même quelquefois nos églises en horreur, y a-t-il un moyen de les y faire revenir? Comment les atteindre, par où les prendre et qui les sauvera?

Vous le savez, Messieurs, la forme de l'apostolat est multiple comme cette grâce de Dieu dont parle saint Pierre : *multiformis gratia Dei.* Et saint Paul nous l'apprend, dans l'Église il y a diversité de dons spirituels, mais il n'y a qu'un même esprit; il y a diversité de ministère, mais il n'y a qu'un même Dieu qui opère tout en tous.

Cette diversité, quant à la forme de l'évangélisation, a existé de tout temps dans le christianisme : autre était la manière des apôtres et autre la manière des Pères de l'Église; autre la manière de saint Jean Chrysostome et de saint Augustin, autre la manière de Bossuet et de Bourdaloue, de Lacordaire et de Ravignan.

Il serait donc difficile de soutenir qu'il y a une forme absolue pour la prédication et que le prêtre qui s'écarterait un peu par exemple de la méthode didactique et sévère de Bourdaloue devrait être accueilli avec moins de faveur dans la chaire chrétienne.

Notre-Seigneur Jésus-Christ nous a donné un diagnostic infaillible pour juger les hommes et tout spécialement les prédicateurs : *A fructibus eorum cognoscetis eos.* Voilà un prêtre qui non seulement a le don d'attirer les hommes autour de la chaire, non seulement *les fait monter sur les confessionnaux, mais les y fait entrer;* il les éclaire, il les émeut, il les convertit : c'est un apôtre, et quelle que soit d'ailleurs la forme de ses discours, sa manière de présenter le dogme ou la morale, le genre de son éloquence, si la doctrine est sûre, s'il garde toujours les convenances que nous impose notre ministère sacré, nous devons tous l'applaudir et nous féliciter du secours qu'il apporte à l'Église de Dieu.

Que de fois aussi on a comparé l'Église à une armée ! Or, dans une armée, n'y a-t-il pas différents corps et différentes armes ? Il y en a qui gardent les positions conquises et il y en a d'autres qui marchent en avant, font des reconnaissances comme d'intrépides éclaireurs, livrent quelquefois des combats d'avant-garde, ramènent des prisonniers et signalent au général en chef le plan ou la tactique de l'ennemi pour le jour des grandes batailles.

Sans contredit, l'apologétique chrétienne a rendu

d'immenses services et produit des chefs-d'œuvre immortels. Mais ces chefs-d'œuvre, nos ennemis les lisent peu et nos réfutations ne les troublent guère.

Ce qui les inquiète, c'est quand ils nous voient porter la guerre sur leur terrain, forcer leurs retranchements, puis les combattre, les terrasser avec leurs propres armes.

Faut-il ajouter que la foule des indifférents nous voyant toujours *sur la défensive*, toujours occupés à parer les coups que l'on nous porte, s'imagine facilement qu'il doit y avoir bien des côtés faibles dans le dogme catholique : *ils pensent tout autrement quand ils nous voient prendre hardiment l'offensive.*

C'est à cette guerre *d'offensive* que doivent leurs meilleurs succès les prêtres et les religieux, qui, depuis plusieurs années, dans les églises de Paris, ont vu se grouper autour de leurs chaires des hommes par centaines, et ces hommes écoutaient avec sympathie leurs savantes conférences.

Me serait-il permis d'exprimer un vœu : c'est que tous nos conférenciers terminent, couronnent chaque année leur apostolat par une *Retraite pratique* et s'efforcent de conduire jusqu'à la table sainte les hommes qui les ont suivis avec tant d'assiduité pendant le Carême,

Mais pour revenir à la question qui nous occupe, qu'en pensez-vous, Messieurs ? N'y a-t-il pas assez longtemps que nous nous défendons, ne serait-ce pas l'heure de reprendre une vigoureuse *offensive* et de porter la guerre en plein sur le territoire de l'ennemi ? Saint Augustin nous le crie : *Attaquez, massacrez l'erreur et sauvez les errants.*

N'était-ce pas de cette pensée que s'était inspiré le digne prêtre que pleure l'église de Notre-Dame des Champs, lorsqu'il adressait à ses paroissiens cette série de lettres si remarquables, où la plume habile du polémiste réfutait avec tant de science et de vigueur chacune des grandes erreurs contemporaines ? Ce sont là, disait-il modestement, des *Prônes à domicile, à l'usage des hommes qui ne viennent jamais à l'église.*

Ce que nous connaissons de plus osé, de plus audacieux en fait de guerre offensive, c'est la méthode d'un de nos plus vaillants missionnaires.

Quand il est appelé dans une ville pour prêcher une retraite aux hommes, il s'y rend trois semaines avant l'ouverture de la retraite. Il observe, il reconnaît, il étudie le terrain. Alors il loue une salle publique pour une série de conférences scientifiques ou historiques. Avant de commencer, il a eu soin de se munir par écrit de l'autorisation du maire de la ville et d'une adhésion signée de quelques puissants personnages amis des lettres et de la science. Et c'est sous ce patronage vraiment nouveau, inattendu, que les affiches et les journaux annoncent les conférences du R. P. X...!

Le sujet des conférences, le nom des patrons, la nouveauté du spectacle, piquent la curiosité publique, et l'on voit accourir des masses d'hommes de tout rang, de toute profession, de toute opinion, des républicains, des radicaux, des socialistes, des francs-maçons qui depuis longtemps n'avaient entendu la parole d'un prêtre.

Lorsqu'après quatre ou cinq conférences, le prêtre a conquis l'estime, les sympathies de ses auditeurs, il les invite à le suivre à l'église où alors commence la retraite proprement dite.

Sans doute, parmi les auditeurs de la salle publique tous ne le suivent pas, il en est qui restent en chemin ; mais il y en a beaucoup aussi qui n'hésitent plus à aller s'asseoir au pied de la chaire, et avec cette méthode, notre missionnaire a produit de véritables fruits de conversion parmi les hommes.

Il est clair que cette méthode ne peut être appliquée en tout lieu ni par tous les prédicateurs.

Il y a une œuvre qui est possible partout, *à Paris comme en province,* c'est une *Mission* et une *Mission spécialement* pour les hommes.

II

LES MISSIONS

ET

LEUR RAISON D'ÊTRE DANS L'ÉGLISE

Pour se faire une juste idée de ce ministère, il faut remonter jusqu'au type divin de toute mission angélique ou humaine.

Ce type est dans le sein de la Trinité même.

La théologie nous montre là deux *missions* dont le but est de produire dans la créature certains effets surnaturels : la *mission* du Fils par le Père ; la *mission* du Saint-Esprit par le Père et par le Fils.

L'Église, que la vertu du sang de Jésus-Christ a fait naître et que l'Esprit-Saint vivifie, continue sur la terre et doit exercer jusqu'au dernier jour du monde la double mission des deux divines personnes.

Cette mission de l'Église s'est exercée de tout temps et dans tous les pays par un double ministère : le *ministère ordinaire* des évêques et des pasteurs résidant dans un territoire déterminé et le *ministère extraordinaire* rempli par des prêtres séculiers ou réguliers, envoyés de paroisse en paroisse par les évêques, ou de diocèse en diocèse par le Souverain Pontife.

Bien que l'envoi et le ministère d'un évêque dans un diocèse, d'un curé ou d'un vicaire dans une paroisse soit une vraie mission et que le titre *d'envoyé* ou de *missionnaire* convienne aussi aux *pasteurs ordinaires*, néanmoins l'usage a prévalu de réserver le nom de *Mission* au *ministère extraordinaire* et de nommer *missionnaires* les ouvriers apostoliques appelés à travailler d'une manière transitoire au bien des âmes dans différentes paroisses ou diverses contrées de l'Église.

Ce ministère extraordinaire dont nous parlons peut être appelé inférieur, accessoire, auxiliaire, si on le compare à celui des pasteurs résidants ; mais la pratique constante de l'Église, l'approbation donnée par elle aux corps religieux voués aux missions, les définitions du Saint-Siège et des conciles ne permettraient pas de le croire ou de l'appeler inutile, peu important ou dangereux.

On ne peut nier qu'il ne participe de l'excellence du ministère ordinaire, qu'il n'ait les mêmes principes, la même fin et à peu près les mêmes procédés, qu'il ne soit très utile et même, en bien des circonstances, nécessaire au salut des âmes.

Le fait est que c'est à ce moyen qu'en France,

l'Église a eu recours quand elle a senti le besoin de ranimer la foi des peuples et de les ramener à la fréquentation des sacrements.

Rappelez-vous, Messieurs, ce que fit l'Église de France au dix-septième siècle pour arrêter la défection des catholiques et repousser l'invasion de l'hérésie.

Alors eut lieu cette *pacifique croisade* que l'Assemblée du clergé de 1690 appelle *la plus belle mission* qu'on ait vue dans le monde depuis les Apôtres. Le diocèse de Paris à lui seul fournit quatorze cents missionnaires. Les frais de cette *Mission générale*, en y comprenant les pensions accordées aux ministres convertis, s'élevèrent à près de trois cent mille livres. — Les fruits dépassèrent toute attente.

Et après la Révolution, lorsqu'il s'agissait de relever tant de ruines religieuses et morales, ce fut encose aux Missions que l'on eut recours. Nous avons trouvé un *rapport* adressé à Napoléon Ier par Portalis, le ministre des Cultes disait à l'empereur :

« Depuis longtemps les missions sont connues dans l'Église et elles y font de grands biens. Les pasteurs locaux n'ont pas toujours les moyens de s'accréditer dans leurs paroisses ; mais indépendamment de tout fait particulier, il résulte de la commune expérience qu'il est des désordres auxquels les pasteurs ordinaires ne peuvent porter remède. Les pasteurs sont les hommes de tous les jours et de tous les instants ; on est accoutumé à les voir et à les entendre, leurs discours et leurs conseils ne font plus la même impression. Un étranger qui survient, et qui par sa situation se trouve en quelque sorte dégagé de tout intérêt humain et local, ramène plus aisément les esprits à la pratique des vertus. De là s'est introduit l'usage des *missions* qui ont produit des effets aussi heureux *pour l'État que pour la Religion.* »

Hélas ! cette impulsion donnée un instant pour les missions par le gouvernement impérial s'arrêta bientôt et même se retourna contre elles.

Ce fut sous la Restauration, que cette œuvre eut son plein épanouissement. Qui ne se souvient des grandes expéditions apostoliques des missionnaires de France, de Mᵍʳ de Forbin-Janson, de Mᵍʳ Dufêtre, du R. P. Rauzan et des Pères de la Miséricorde, des Pères de la Foi, des Pères Guyon, de Mac Carthy et de leurs frères de la Compagnie de Jésus ?

La révolution de 1830 fit disparaître totalement les missions pendant quelques années. On les reprit peu à peu, bien qu'avec moins d'ensemble que sous la Restauration.

Mais dès qu'en 1850 nos évêques purent se réunir en conciles provinciaux, presque tous ces Conciles formulèrent des décrets pour recommander *l'Œuvre des Missions*. Ces décrets sur les missions, on les trouve dans le concile de Toulouse en 1851; — en 1852, dans les conciles d'Aix, d'Auch, de Bordeaux et de Bourges; — en 1857, dans les conciles de Nancy et de la Rochelle.

Tous ces conciles exhortent les pasteurs des âmes à faire donner une mission *tous les six ans.*

Enfin les *statuts du diocèse* de Cambrai ne se contentent pas d'un conseil, ils intiment un ordre. Ils *ordonnent* à tous les curés de procurer à leurs paroisses, *tous les cinq ans*, ou pour le moins *tous les sept ans*, le bienfait d'une mission qui doit durer environ quinze jours.

Et pour que l'exécution de ce décret salutaire soit constamment surveillée, MM. les doyens doivent répondre à l'époque de la visite à ces deux questions : 1º quand et par qui a été donnée à la paroisse la dernière mission? 2º à quelle époque doit avoir lieu la mission prochaine?

Le concile de Périgueux en 1858 va plus loin encore : il voudrait que *les hommes seuls* fussent convoqués et réunis de temps en temps dans l'église, afin d'entendre, sans avoir à payer leurs chaises, une *conférence faite spécialement pour eux.* Et il ajoute ces paroles significatives : *Non saperet sacerdos qui laboris difficultatibus solummodo intentus, de divinis promissionibus et virtute gratiæ diffidens, hoc opus aggrederetur segniter aut minus strenue prosequeretur.*

Ainsi d'Aix à Cambrai, de Toulouse à Nancy, les missions sont partout instamment recommandées, exigées même en divers lieux, et leur retour périodique doit avoir lieu tous les cinq, six ou sept ans, au plus tard tous les dix ans.

Tous ces conciles provinciaux exaltent les avantages, proclament *l'utilité*, j'allais dire la *nécessité* de ce moyen de salut.

Tous ils adhèrent à la bulle *Auctorem fidei* que plusieurs transcrivent à la fin de leurs actes, et déclarent avec Pie VI que *la proposition accusant les missions d'être une innovation, un mouvement irrégulier et stérile, est téméraire, malsonnante, pernicieuse et injurieuse à l'Église fondée sur la parole de Dieu.*

TÉMOIGNAGES EN FAVEUR DES MISSIONS

Cette décision nous rappelle que dans tous les temps les missions ont été décriées par les hommes du monde, par les journalistes et même, dit M. Hamon, curé de Saint-Sulpice, elles ont trouvé des contradicteurs jusque dans le sanctuaire. (*Traité de la Prédication*).

Au siècle dernier, le P. Paul Segneri, l'un des missionnaires les plus justement célèbres en Italie, indiquait comme raison secrète de ces diverses oppositions l'une des trois concupiscences qui forment l'esprit du monde : *concupiscentia carnis, concupiscentia oculorum et superbia vitæ*. Et il fait à chaque catégorie de contradicteurs, aux prêtres comme aux laïques, une application saisissante de ce principe évident de toute résistance à l'action de Dieu.

Saint Alphonse de Liguori prit aussi la parole pour défendre cette grande œuvre : « Feu de paille que les missions, dit-on quelquefois, elles sont à peine passées que les pécheurs reviennent à leurs premiers déréglements.

« Il serait sans doute à désirer, répond ce grand

2.

évêque missionnaire, que tous ceux qui se convertissent persévérassent dans la grâce de Dieu jusqu'à la mort. Mais la faiblesse humaine est si grande ! Les meilleures résolutions viennent échouer si vite contre les restes d'anciennes habitudes, contre les occasions renaissantes, contre l'influence toujours funeste du monde et du respect humain ! Il faudrait donc fermer les tribunaux de la pénitence, puisqu'on retombe dans le péché après l'absolution reçue ! Il ne faudrait plus s'exciter à la contrition puisque la rechute succède quelquefois à la contrition la plus vive : qui pourrait admettre une pareille conclusion ? »

« Détracteurs des missions, disait en 1822 Mgr Frayssinous, dans la chaire de Saint-Sulpice, vous ne leur pardonnez pas cette suite de pompeuses cérémonies, ces spectacles de religion qu'elles présentent aux yeux de la multitude ! — Vous êtes donc étrangers à la connaissance du cœur humain ? Vous ignorez les routes qui peuvent y conduire. — Nous savons mieux que vous que le Dieu qui est Esprit veut être adoré en esprit et en vérité, que devant lui la piété véritable est dans le cœur, et nullement dans les vains dehors; mais aussi, mieux que vous, nous savons tout ce que peuvent de graves et touchantes cérémonies pour exciter dans les âmes de pieux mouvements et les élever vers la divinité, pour les pénétrer de componction et de repentir. L'expérience apprend que plus d'une fois, c'est au milieu de ces cérémonies objet de vos censures, que se fait sentir le premier retour à la religion et à ses divines lois.

« Alors la foi se ranime, le remords se réveille, les consciences sont travaillées de je ne sais quel désir de se purifier, et bientôt les tribunaux de la réconciliation ne suffisent point à recevoir la foule des pénitents qui s'empressent autour d'eux : quelque chose de surnaturel s'est passé dans les âmes, la mission seule pouvait opérer ce changement. »

En 1843, le cardinal Giraud crut de son devoir de publier une lettre pastorale pour la défense des missions qui se relevaient dans nos provinces et il dit :

« Que les exercices des missions soient utiles, nécessaires même quelquefois à la réforme des mœurs privées ou publiques, à l'instruction ou à la moralité des peuples, quel prêtre, quel homme je ne dis pas chrétien, mais simplement sérieux et sincère, en a jamais douté ?

« Il y a ici plus que l'ordre et la convenance naturelle, il y a l'ordre surnaturel et divin. — A côté du *ministère ordinaire* si saint, si respectable, mais hélas ! trop souvent infructueux, la nécessité d'un *ministère extraordinaire* s'est toujours manifestée dans les conseils et dans la divine économie de la Providence.

« L'institution du sacerdoce d'Aaron chez le peuple de Dieu n'empêchait pas la vocation et la mission des prophètes. Le zèle apostolique dans l'Église de Jésus-Christ s'est toujours conservé, s'est constamment exercé aux lieux mêmes où le ministère pastoral fonctionnait avec le plus de régularité, et c'est une liste assez glorieuse que celle qui s'ouvre par les Bernard et les François d'Assise, qui se continue par les Vincent Ferrier, les François Régis, les Vincent de Paul, les François de Sales, les Fénelon, les Bridaine, les Beauregard et qui doit se remplir encore de noms bénis jusqu'à la fin des siècles.

« Et il faut bien qu'il en soit ainsi !

« Il le faut pour la liberté des consciences, qui par une crainte mal fondée, mais si naturelle à la faiblesse humaine, n'osent quelquefois s'ouvrir au pasteur connu, au pasteur de tous les jours et de toutes les heures, et qui par suite de cette mauvaise honte se nourrissent de sacrilèges ou s'endorment dans l'abandon et l'oubli de leurs devoirs.

« Il le faut pour offrir une occasion de retour à tant d'âmes pusillanimes ou combattues, qui la désirent au fond du cœur, mais qui attendent pour se déterminer que la barrière du respect humain soit tombée devant une manifestation éclatante et unanime.

« Il le faut dans certaines circonstances, pour redonner la vie divine, la vie morale, la vie sociale à telle ou telle population chez qui la lumière s'éteint, le sentiment même de la pudeur s'efface, qui se dégrade dans l'ignorance et la corruption et s'achemine rapidement vers la pire des barbaries, celle qui se produit en pleine civilisation.

« Il le faut enfin, de peur que la parole de Dieu, éternellement jeune et féconde, à force d'être annoncée par la même bouche ne perde quelque chose de son attrait et de sa vertu et ne s'avilisse, comme saint Augustin le dit des merveilles de la création et du spectacle de la nature, par une assiduité toujours uniforme et toujours semblable : *assiduitate viluerunt.* »

IV

UTILITÉ

ET

POSSIBILITÉ DES MISSIONS A PARIS

On reconnaît généralement l'utilité des missions dans les campagnes, mais elle est quelquefois contestée pour les villes et pour telles et telles paroisses de Paris.

Là, dit-on, ont lieu les stations régulières de l'Avent, du Carême, du mois de Marie, du Saint-Sacrement.

Évidemment personne ne peut nier qu'ici la parole de Dieu ne soit brillamment annoncée, la foi hautement défendue et la piété sérieusement alimentée.

Cependant ne pourrait-on pas demander si le résultat pratique répond toujours à l'éloquence, au travail, au zèle des prédicateurs et aux intentions de ceux qui les ont appelés? Sans doute les intelligences ont été largement éclairées, mais les cœurs ont-ils été également émus et les volontés converties? C'est ce qu'il est assez difficile de constater dans nos stations ordinaires. Le prédicateur entend

rarement les confessions, en sorte que le fruit réel
d'une station ne répond peut-être pas toujours à
l'éclat qu'elle a jeté dans une paroisse.

Et quand un prédicateur de station serait assidu
au confessionnal, si zélé, si dévoué qu'on le sup-
pose, lors même qu'il produirait un grand bien, il
ne peut opérer à lui seul l'effet d'une mission où
tous les moyens d'action sont réunis : nombre suffi-
sant de prédicateurs et surtout de confesseurs fidèles
au poste toute la journée et même la nuit quelquefois, variété d'exercices, entraînement produit par
un concours universel.

« L'expérience m'a démontré, dit saint Alphonse
de Liguori, que le succès d'une mission croît avec
la multitude qui vient y prendre part. Les cœurs
endurcis sont comme le fer ; il faut pour les amollir
les soumettre au feu d'une fournaise brûlante, et
c'est dans la mission que les fidèles, comme autant
de charbons ardents, s'embrasent les uns les autres :
alors le feu que Jésus-Christ est venu apporter sur
la terre s'allume dans tous les cœurs. »

Mais les missions sont-elles possibles à Paris ? —
On le sait, Dieu en soit béni, il se fait des missions
autour de nous. Depuis dix-huit ans, il en a été
donné plus de cinquante, soit à Paris même, soit dans
les paroisses de la banlieue. Et je suis heureux ici
de leur rendre ce témoignage, ce sont les membres

du clergé séculier qui, au sortir de la *Commune*, secondés par nos officiers catholiques, ont pris l'initiative de cette œuvre réparatrice entre toutes les autres. Après eux sont venus les membres des congrégations et de tous les ordres religieux.

Pourquoi les dignes prêtres de nos paroisses, jeunes, ardents, aussi remarquables par la science et le talent que par la piété et le zèle des âmes, ne s'associeraient-ils pas encore pour donner entre eux une mission, comme on le fait en province? Il y en a qui souvent gémissent d'être absorbés par le matériel, de n'avoir que trop rarement l'occasion de prêcher. Dans une mission, leur âme se déploierait à l'aise : jamais un prêtre ne se révèle aussi pleinement, jamais un prêtre ne donne si bien sa mesure, jamais sa parole n'est autant dans le vrai et ne trouve si heureusement l'accent apostolique, qu'en face d'un grand auditoire qu'il faut soulever et faire passer au confessionnal. C'est le véritable champ de l'éloquence chrétienne.

V

DIFFÉRENTES MÉTHODES

POUR DONNER UNE MISSION

Le temps ne me permet pas d'exposer, même brièvement, les différentes méthodes qui ont été tracées pour donner une mission.

Il y a la méthode de saint Vincent Ferrier et des fils de saint Dominique, la méthode des différentes branches de la grande famille de saint François d'Assise, la méthode des Pères de la Compagnie de Jésus, la méthode de saint François de Sales, de saint Vincent de Paul et des prêtres de la Mission, de saint Alphonse de Liguori et des Pères du Très-Saint-Rédempteur, de Saint-Léonard de Port-Maurice, de Saint-Paul de la Croix et des Pères Passionistes, du vénérable P. Maunoir, du B. Grignon de Montfort, du P. Bridaine et des Missionnaires de France, du P. Rauzan et des Pères de la Miséricorde.

Tous ces vaillants apôtres avec le don que Dieu leur avait départi et qu'ils faisaient valoir à force de vertus, de dévouement, de pénitences et de sacrifices ont opéré des merveilles de conversion parmi le peuple.

Après avoir étudié à fond ces différentes méthodes et les avoir admirées, me sera-t-il permis de dire la réflexion qui s'est présentée à mon esprit ? — C'est qu'elles débutent toutes par une hypothèse : elles supposent comme résolu ce qu'il y a pour nous, à Paris, de plus difficile à résoudre ; elles ne doutent nullement qu'un brillant auditoire ne se forme de lui-même et que tous les pécheurs, toutes les pécheresses de la cité ne s'empressent d'accourir au pied de la chaire dès que la mission va être annoncée.

Dieu merci, il en est encore ainsi dans nos bonnes provinces : le nom de mission a quelque chose de magique qui séduit et entraîne les foules.

Mais ici, à Paris, il n'en va pas ainsi, *surtout pour les hommes*. Comment arriver à se faire *un auditoire d'hommes ?* C'est la grande question ! Les plus belles réunions obtenues dans les missions d'après les méthodes ordinaires sont semblables à celles que présentent nos églises au jour des grandes fêtes, réunions dans lesquelles les hommes apparaissent au milieu des femmes comme ces naufragés dont parle le poète : *apparent rari nantes...*

Quelquefois on réserve aux hommes des places de choix dans une enceinte particulière, et si à l'heure du sermon, après le chant des cantiques, toutes ces places ne sont pas remplies, on fait avancer les femmes pour combler les vides.

Comme on se félicite lorsque le contraire a lieu,

lorsqu'on est obligé de prier les femmes de se retirer un peu afin de faire place aux hommes !

C'est là sans doute un assez heureux résultat, mais il est manifestement insuffisant. Qui ne sait d'ailleurs que beaucoup d'hommes ont une sorte de répugnance à venir s'asseoir au sermon, quand déjà la chaire est entourée par les femmes.

Les hommes aiment les situations franches et nettes, ils aiment à se réunir entre eux et, comme ils.disent, *à se sentir les coudes.*

VI

MÉTHODE SPÉCIALE

DONNER UNE MISSION AUX HOMMES

N'y aurait-il donc pas moyen, *dans n'importe quelle paroisse*, de réunir autour de la chaire mille à douze cents hommes et de faire ainsi *une véritable mission d'hommes?*

Un groupe de missionnaires l'a pensé, et MM. les membres du Congrès eucharistique nous en ayant prié, nous allons vous soumettre avec simplicité une méthode non pas absolument nouvelle, mais qui a paru tout spécialement adaptée aux besoins de l'heure présente.

Veuillez le croire, je vous prie, Messieurs, nous sommes parfaitement convaincus qu'on peut suivre une autre méthode et faire des merveilles.

D'abord le temps le plus favorable à une *mission pour les hommes*, c'est le carême; pendant la semaine sainte surtout, il y a encore parmi nous, Dieu en soit béni, une atmosphère religieuse qui bon gré mal gré compénètre les impies eux-mêmes.

Il faut à peu près tout le temps du carême pour arriver à remuer dans ses profondeurs une paroisse de trente à quarante mille âmes. Si l'on se contente de quinze jours, on n'atteint guère que les habitués de l'église.

Dans la méthode que j'ai l'honneur de vous exposer, il ne faudrait pas croire que les intérêts des âmes pieuses soient négligés. Non certainement ; mais l'*objectif* principal est toujours l'*évangélisation des hommes.*

On se fait d'abord des auxiliaires de toutes les personnes qui environnent l'homme dans la famille pour atteindre l'homme lui-même et le faire au moins rentrer dans l'église. Bénédiction et mission des petits enfants, mission des jeunes filles et des jeunes gens, mission des servantes, mission des mères, apostolat mutuel, sainte ligue de prières, cérémonies extraordinaires, tout est dirigé, tout converge, tout est coordonné vers ce but suprême, *la conversion de l'homme.*

Ici, une mission peut être comparée à une campagne conduite avec science, avec art, campagne dans laquelle, par une suite de mouvements stratégiques habilement combinés, *l'homme*, à un moment donné, va se trouver comme cerné dans la famille et tout envahi par les influences salutaires de la mission.

Lorsque tout est ainsi préparé et que les missionnaires ont trouvé des aides et un appui dans la famille, on fait directement appel aux hommes et l'on annonce des conférences auxquelles ils seront seuls admis. On peut cependant réserver un bas-côté pour les femmes qui auront amené leurs maris et leurs jeunes fils; mais toute la grande nef de l'église est réservée aux hommes et les places sont gratuites.

De plus on leur adresse à chacun individuellement une lettre de convocation, *lettre autographiée* de M. le curé de la paroisse, lettre dans laquelle le prêtre a mis toute sa foi et tout son cœur, et l'on y joint un *programme* assez détaillé du sujet de chaque conférence.

On expédie ainsi dix, douze, quinze mille lettres, suivant le chiffre de la population. Il y a ici des *agences* qui ont dans leurs registres le nom de tous les habitants de chaque maison. D'autres se servent de ces *agences* pour la politique, pour les affaires, pour les réunions aux clubs; pourquoi ne pas nous en servir pour les réunions à l'église? Avec ce système, — il y a ici des prêtres qui en ont été témoins, — on arrive à se faire du premier coup un auditoire de douze cents, de quinze cents hommes, de deux mille hommes quelquefois, comme on l'a vu l'année dernière à Saint-Nicolas des Champs. Du reste, cette vaste église bien éclairée se prêtait favorablement à la joute oratoire qu'y venait suivre cette foule très compacte, intéressée par la nouveauté du spectacle ; il y avait quelques dames dans les bas-côtés, mais l'immense majorité était composée d'hommes ; c'était un mélange très caractérisé de toutes les classes et de toutes les fortunes.

Les questions que l'on traite dans ces conférences sont toutes les questions de l'heure présente, *questions sociales et ouvrières, historiques et économiques, surtout les questions scientifiques,* dans leurs rapports avec les dogmes chrétiens.

Ne nous faisons pas illusion, Messieurs, toutes les objections d'une science de mauvais aloi contre la religion sont descendues dans le peuple.

Un de nos missionnaires demandait à un contre-maître : « Les hommes de votre usine ont-ils conservé quelques principes religieux ?

— Je ne le pense pas, Monsieur, répondit-il, nous autres, nous sommes positivistes. »

On rencontre de simples ouvriers qui vous disent : « Moi, je ne crois qu'à la science. »

« Vous avez beau faire, disait un autre en parlant à un prêtre, quand vous seriez tous éloquents comme Bossuet, vous avez contre vous la science ! »

La question des *prétendus conflits de la science et de la foi* remplit les colonnes des journaux et passionne les hommes de notre temps. En la traitant

avec compétence le prédicateur est sûr d'intéresser son auditoire, de grandir dans son estime et il
n'est ainsi nullement exposé à faire sur le terrain
brûlant de la politique des incursions inutiles ou
dangereuses.

La *forme* de ces conférences est un attrait de
plus : tantôt le conférencier parle seul, tantôt il est
attaqué par un ou deux contradicteurs.

Une controverse digne, sérieuse, loyale, est de
mise partout et toujours, elle intéresse singulièrement les hommes les plus instruits et les plus distingués. « Cette forme, a dit un excellent juge en cette
matière, M. Hamon, curé de Saint-Sulpice, a une
utilité incontestable ; le peuple accourt avec plaisir à ces conférences, les entend avec charme, les
suit avec d'autant plus de facilité que les demandes
qui entrecoupent l'enseignement réveillent son intérêt et soutiennent son attention. »

Le tout est de savoir s'en servir.

Évidemment ces controverses ont leurs règles
comme tous les autres genres de prédication, et si
l'on y est fidèle, elles n'abaisseront pas la dignité
de la chaire, elles ne dégénéreront pas en que-
relles d'amour-propre ; elles ne tourneront jamais
au déshonneur de la parole de Dieu ni au détri-
ment de la religion.

« La marque la plus infaillible que l'on est orateur, écrit Cicéron, c'est de le paraître au peuple, » et il en était si persuadé qu'il disait : « Je veux que mon éloquence soit goûtée par le peuple. » — Pourquoi le prêtre ne formerait-il pas le même vœu *ad majorem Dei gloriam et salutem animarum ?*

Mais qui ne le sait ? La popularité du discours ne consiste nullement à se servir d'un langage commun, trivial et grossier ; le peuple lui-même n'en veut pas et le regarde comme blessant pour son intelligence et sa dignité. Le peuple a beaucoup plus de tact qu'on ne le pense, il a un sentiment exquis des convenances, il veut que son orateur parle mieux que lui, et puisque dans toute prédication, le prêtre se propose d'élever l'âme du peuple, il doit donc toujours rester plus haut que lui.

Aussi bien, dans la méthode que nous exposons, il ne s'agit nullement de *scènes dialoguées,* où le conférencier et son contradicteur s'interrogent et se répondent, à peu près comme deux acteurs sur le théâtre ; non, Messieurs, il s'agit d'une *controverse sérieuse,* où, après l'exposé de la thèse et des preuves principales par le conférencier, son contradicteur présente deux ou trois objections tout au plus.

Et l'on entend que, si l'on use quelquefois de ce genre, la conférence soit préparée *ad unguem,* la marche de la discussion parfaitement définie, les

3.

objections et les instances convenues, de peur de s'exposer à faire des digressions inutiles et à laisser dans l'esprit des auditeurs des difficultés sans réponse suffisante. Mieux vaudrait mille fois ne pas se faire poser une objection que de la résoudre imparfaitement.

On aime mieux aussi mettre la discussion sur des questions scientifiques ou historiques que sur des questions purement religieuses.

L'*Univers*, dans un article du 26 mars 1886, a donné une assez juste idée de ces *controverses* qui se faisaient alors à Saint-Laurent :

« Le vendredi, à huit heures du soir, une foule que l'on peut évaluer à deux mille hommes se pressait dans la grande nef et dans les nefs latérales de l'église. Cette multitude empressée et attentive venait assister à des *débats contradictoires* du plus haut intérêt sur des questions qui préoccupent à bon droit tous les esprits sérieux et dans lesquels l'Église, la grande éducatrice du genre humain, a la prétention justifiée de faire pénétrer la lumière de ses divins enseignements.

« Il est de bon ton, parmi les incroyants de nos jours, d'affirmer qu'il y a contradiction flagrante entre les données de la science moderne et nos dogmes catholiques. C'était pour démontrer l'inanité d'une telle assertion que deux religieux de la

Compagnie de Jésus, sur l'invitation et l'initiative de M. le curé de Saint-Laurent, avaient convoqué les hommes de la paroisse à une série de *contro-verses sur l'accord des découvertes modernes avec les enseignements de la foi.*

« Vendredi le débat roulait sur *l'origine du monde.* Après un prélude rapide sur l'accord qui existe entre la raison et la foi, puisque toutes les deux ont le même Dieu pour auteur, les conféren-ciers ont abordé la question toujours si débat-tue et partant toujours si actuelle de la genèse des mondes.

« Ils ont mis en regard le récit de Moïse donnant Dieu pour auteur à l'univers, système adopté d'ail-leurs par tous les philosophes spiritualistes, et les assertions des matérialistes, des positivistes et des panthéistes, affirmant, avec des explications diver-ses mais également contradictoires, l'éternité de la matière et divinisant par là toute la création, pour arriver à nier la divinité du Créateur.

« Nous ne pouvons entrer dans le détail de cette brillante et solide discussion. Disons seulement que pendant plus d'une heure l'immense auditoire est resté charmé et subjugué par l'intérêt qui s'at-tache aux grandes questions traitées devant lui et surtout par la clarté, la vigueur, l'éloquence avec lesquelles les droits de la vérité ont été défendus. »

Ce qui ajoute encore visiblement à l'intérêt du débat, c'est qu'il est permis à chaque auditeur d'y intervenir personnellement. Il n'a pas assurément le droit de troubler l'ordre en prenant la parole, mais il est invité à *formuler par écrit* ses objections particulières ; il les adresse sous enveloppe au conférencier et celui-ci les fait connaître devant l'auditoire au début de la réunion suivante. Il dépouille le dossier en chaire, sans publier bien entendu le nom des signataires et il leur répond en quelques mots.

Très curieux ce dépouillement. A côté d'objections sensées, il y aura bien des puérilités qui font sourire. S'il se trouve une lettre sans signature, le conférencier reproche affectueusement au correspondant son *anonymat*, résout son objection et *l'invite à un entretien particulier* pour le cas où la réponse ne l'aurait pas satisfait. Il y en aura qui répondront à cet appel, et vous le voyez, Messieurs, c'est le prélude d'une conversion.

Bref, cet échange d'idées aussi variées que les correspondants ne peut manquer ni d'intérêt ni quelquefois de piquant. Le public y prend goût, et cette forme spéciale de prédication, en instruisant les croyants, ramène à la vérité certaines âmes qui ne la cherchaient pas ailleurs.

Du reste cette méthode, les missionnaires ne

l'appliquent que lorsqu'elle a été approuvée par MM. les curés qui sont les meilleurs juges de ce qui convient dans leurs paroisses.

Mais il semble bien évident que de nos jours quiconque parle au nom de la science est sûr d'être favorablement écouté.

VII

RÉSULTAT DE CETTE MÉTHODE

Lorsque les hommes ont été captivés et préparés par *ces conférences préliminaires*, ils n'hésitent plus à suivre les missionnaires sur le terrain exclusivement religieux.

Alors on laisse de côté toute controverse; on parle hautement le langage de la foi; on aborde hardiment la question des droits de Dieu, des devoirs de l'homme, de la divinité de Jésus-Christ, de la dévotion à la sainte Vierge, du péché mortel, de l'orgueil, de la cupidité, du sensualisme, de l'athéisme pratique, de la mort, du jugement, de l'enfer, de la miséricorde, de la confession et de la sainte communion.

Comme le missionnaire a prouvé qu'il peut parler avec compétence d'autre chose que de confession, on l'écoute encore et on le croit, même quand il parle de confession, même quand, pendant la retraite, il fait le catéchisme, oui, le catéchisme, Messieurs, durant un quart d'heure avant chaque instruction de la retraite.

Il y a plus, on va le trouver jusqu'au confessionnal, lui et tous ses collègues et tous les prêtres de la paroisse.

Le fait est que pendant la dernière quinzaine d'une mission, d'après cette méthode, on a vu MM. les curés et les vicaires et tous les prédicateurs *confesser des hommes* tous les soirs jusqu'à onze heures, jusqu'à minuit et quelquefois au delà. Il est souverainement important de se tenir à la disposition des hommes après les instructions du soir : pour beaucoup d'entre eux, c'est, paraît-il, l'heure la plus favorable. *Venerat ad Jesum Nicodemus, nocte, propter metum Judæorum.*

La remarque en a été faite et elle paraît juste, le prêtre de nos jours se tient généralement trop loin des hommes ; il ne suffit plus de les attendre, il faut descendre dans la rue, il faut aller à eux et leur tendre la main.

On a voulu s'en tenir aux moyens ordinaires, sans sortir de la routine, sans changer de tactique, sans renouveler son outillage, sans perfectionner ses armes, et pendant ce temps-là les mauvaises doctrines, à peine échappées de la plume ou de la bouche des mécréants, ont été propagées par une presse alerte et haineuse dans nos villes et jusqu'au fond de nos campagnes ; les émissaires des sociétés secrètes passent et repassent d'une province à l'autre, pervertissent les hommes en leur persuadant que le prêtre est un ignorant et un ennemi, que nos dogmes sont un tissu d'absurdités et que la religion est le mal. C'est de cette manière que, dans certaines contrées, sanctification du dimanche, assistance à la sainte messe, fréquentation des sacrements, esprit chrétien, moralité, vertu, foi même, tout a été presque renversé, détruit, emporté !

Eh ! ne voit-on pas que ce qui n'était guère qu'un ruisseau il y a quarante ans, le flot montant, montant toujours, est devenu un torrent impétueux et dévastateur ? Ne voit-on pas qu'à la place de cette frêle jetée d'autrefois, il faut construire une digue immense et entasser des rochers inébranlables ? Le simple bon sens ne crie-t-il pas que la vigueur de la défense doit se mesurer à la fureur de l'attaque, et qu'il faut centupler son activité et ses ressources, là où l'ennemi a déployé toutes les siennes ? De là, en un mot, *l'urgente nécessité de reporter immédiatement sur les hommes trop négligés jusqu'ici* tous les efforts de notre zèle et toutes les saintes énergies de notre apostolat.

On ne sait peut-être pas assez combien, en dépit du malheur des temps, les hommes de nos jours, à part quelques énergumènes, sont flattés de voir que le prêtre ne les oublie pas, que leur curé les aime et s'intéresse à eux ; combien ils s'estiment honorés de recevoir une lettre de lui et d'être invités à une réunion spéciale dont les femmes sont écartées. « Enfin, disait un brave ouvrier en parlant de son curé récemment arrivé dans la paroisse et qui avait commencé par faire appel aux hommes, *enfin, en voilà un qui pense à nous !* » — Et si dans ces réunions spéciales le prêtre sait traiter des sujets les plus capables d'attirer, d'intéresser et d'instruire les hommes, s'il leur parle avec un profond respect, s'il leur ouvre son cœur, s'il leur montre une âme tout émue de l'amour de la religion, de la France, de la patrie, s'il leur témoigne de la confiance, eux aussi lui donneront leur confiance et il fera des prodiges de conversion.

Aussi bien, beaucoup d'hommes sont fatigués des calomnies toujours absurdes et parfois absolument ridicules que dans les clubs les émissaires de la franc-maçonnerie et de la libre pensée débitent contre la religion et contre les prêtres : « *Ils sont affamés de vérité*, disait un converti, et ils ne demandent pas mieux que de venir entendre un prêtre, même à l'église, pourvu que ce prêtre leur apprenne quelque chose. »

Ce qui doit nous déterminer enfin à commencer cet apostolat, c'est que tous les prêtres qui ont osé l'entreprendre après une préparation convenable, ont obtenu les plus heureux résultats.

Voilà sept ans que cette méthode est appliquée dans le diocèse de Paris, et plusieurs membres éminents du clergé ont bien voulu dire eux-mêmes ce qu'ils en pensent.

« J'estime, écrit M. l'abbé Coquereau, chanoine honoraire, curé de Saint-Laurent, que rien n'est si avantageux à une paroisse qu'une mission comme celle qui nous a été prêchée, surtout *en envisageant le succès obtenu pour l'évangélisation des hommes*. C'est la première fois, depuis dix-huit ans que je suis curé de Saint-Laurent, que j'ai vu mon église entièrement remplie d'hommes pour une cérémonie religieuse. » Et ces hommes qui venaient avec tant d'empressement écouter des *conférences faites pour eux* ont été gagnés pour la plupart à la bonne cause, puisque nous les avons vus presque tous approcher de la table eucharistique le saint jour de Pâques.

« La méthode suivie dans les *controverses* me paraît avoir tout spécialement contribué à ce résultat. Cette forme nouvelle pique singulièrement l'attention et fait que la discussion n'en est que mieux appréciée et plus profitable. »

« Nous ne pouvons pas oublier, écrit M. l'abbé de Bussy, chanoine honoraire, curé de Saint-Gervais, l'impression que tous ont ressentie en voyant cet auditoire compact, ces hommes qui remplissaient notre église, prêtant une attention constamment silencieuse, respectueuse, soutenue, à la parole de Dieu qui leur était annoncée avec tant de clarté, de méthode et de relief. *A fructibus eorum cognoscetis eos;* c'est avec la plus grande émotion que le saint jour de Pâques, nous avons vu plus de la moitié de ces hommes approcher de la table sainte. »

M. l'abbé Boisseau, ancien premier vicaire de Saint-Ferdinand, maintenant curé d'Ivry; M. l'abbé Laminette, ancien premier vicaire de Saint-Pierre de Montrouge, maintenant curé de Gentilly, parlent dans le même sens :

« Mon cœur tressaille encore de bonheur, écrit le premier, à la pensée de nos réunions d'hommes pendant la mission de Saint-Ferdinand. »

« Ce genre de conférences plaît aux hommes, écrit le second ; on l'a bien vu par la foule immense qui a rempli chaque soir l'église de Montrouge, en dépit de la rigueur de l'hiver. Il serait injuste d'attaquer des controverses conduites de cette manière ; elles n'ont aucun inconvénient ; elles dissipent une foule de préjugés et répandent dans les esprits de grandes lumières. La meilleure preuve, c'est le grand nombre d'hommes qui ont fait la sainte communion à la fin de la mission. »

« J'ai été heureux d'accueillir la mission, écrit M. l'abbé Rivié, curé de Saint-Nicolas des Champs, parce que j'en sentais la nécessité pour ma paroisse et qu'en particulier, au milieu de tant d'attaques, il était bon de faire voir que nous sommes parfaitement vivants.

« Les conférences faites pour les hommes par les missionnaires ont encore accentué un succès qui déjà était fort consolant. La méthode de la mission m'a paru excellente et bien étudiée pour produire l'ébranlement successif et progressif qui est nécessaire au succès d'une œuvre si importante.

« Le succès de la nôtre a répondu à toute mon attente.

« J'ai beaucoup apprécié cet appel incessant à la prière devant une sainte image ; c'est là le ressort intérieur de la mission. »

Et quant à l'opportunité de ce ministère, M. l'abbé Rivié ajoute : « La grâce d'une mission dans ces temps si difficiles me paraît plus utile aux paroisses que lorsque la paix nous sera rendue. Il faut empêcher la démolition, afin que dans des temps plus propices on puisse construire un édifice avec de plus larges proportions ; le tabernacle de Silo était nécessaire pour amener et préparer le temple de Salomon. »

Il n'est pas une seule mission que Sa Grandeur Mgr l'Archevêque de Paris n'ait daigné encourager par sa présence. Mgr Richard assistait de préférence aux *controverses pour les hommes ;* il leur adressait quelques mots d'édification ; beaucoup de ces hommes entendaient peut-être leur archevêque pour la première fois. Avec quelle attention, quel respect et quelle sympathie n'écoutaient-ils pas cette parole si douce, si pieuse, si paternelle qui trouve si bien le chemin des cœurs! C'était une consolation pour tous et un encouragement pour le pasteur et les missionnaires.

Cependant nos missionnaires de Paris ne se font point illusion : ils ne sont pas encore arrivés ici aux grands résultats obtenus dans nos bonnes provinces, où l'on voit des milliers d'hommes se presser à la table sainte au jour de la clôture d'une mission.

Sans doute c'est l'ignorance des difficultés et des résistances du terrain sur lequel nos ouvriers apostoliques travaillent ici, qui a fait faire fausse route à quelques appréciations regrettables.

Mais n'y a-t-il pas lieu de remercier le Sacré Cœur de Jésus quand, dans ce milieu tourmenté et dans de mauvais jours comme les nôtres, on parvient à faire rentrer dans l'église mille à douze cents hommes qui n'y venaient plus du tout; quand **on** arrive à les faire assister avec recueillement à cinq ou six controverses qui vengent l'honneur de la vérité religieuse outragée, à leur faire écouter avec attention, avec respect, et, il faut l'espérer, non sans profit, les éléments du catéchisme et la prédication énergique de toutes les fins dernières? N'est-ce pas le cas de bénir Dieu, quand, après tant de saintes industries, tant de travail et tant de fatigues, on finit par faire communier ensemble dans une paroisse plusieurs centaines d'hommes, surtout si l'on se rappelle qu'il y en avait bien deux cent cinquante qui ne s'étaient pas confessés depuis vingt, quarante, soixante, soixante-cinq ans !

Si l'on en ramenait autant chaque année dans les différentes paroisses de Paris, ne pourrait-on pas espérer que la face de cette terre ne fût bientôt, du moins en partie, renouvelée ?

VIII

APRÈS LA MISSION

Mais ce n'est pas assez d'avoir réparé le passé, il faut assurer l'avenir, et l'objet de la grande sollicitude des missionnaires, à la fin de leur campagne, c'est de trouver dans la paroisse une association, une congrégation, une confrérie, une société dans laquelle ils puissent faire entrer toutes les âmes qu'il leur a été donné de ramener à Notre-Seigneur Jésus-Christ.

Quel est le dernier mot du succès que l'on peut obtenir avec la méthode d'évangélisation que nous venons d'exposer ?

C'est une application de ce procédé que dans l'industrie on appelle *la division du travail.*

Eh bien ! c'est encore par la division du travail que dans une paroisse on maintient le bien qui a été fait, le bien qui doit se développer et grandir tous les jours.

Pour conserver les âmes que l'on possède ou que l'on vient de reconquérir sur l'ennemi, il ne faut pas les abandonner à elles-mêmes, *il faut les confier à la garde d'une association, d'une confrérie, d'une société, d'une corporation.*

IX

ASSOCIATIONS. — CONFRÉRIES
CORPORATIONS

Dans toute paroisse on trouve une congrégation
de jeunes filles, enfants de Marie ; nous n'en contes-
tons ni l'importance ni la nécessité. N'est-ce pas
ainsi, Messieurs, que vous préservez ces chères
enfants de la corruption du monde, que vous leur
apprenez à vivre pures comme les anges et que vous
les sauvez ? Mais qu'y a-t-il pour les jeunes gens,
qu'y a-t-il pour les mères chrétiennes ? Je ne parle
pas seulement des femmes appartenant aux classes
élevées de la société ; qu'y a-t-il pour les femmes du
peuple, pour les femmes des classes ouvrières, qu'y
a-t-il pour les servantes ?

Qu'y a-t-il surtout pour les hommes ?

N'y aurait-il pas lieu dans toute paroisse de créer
une association pour chacune de ces catégories de
personnes, une association se gouvernant par elle-
même sous la direction du curé ou de son délégué,
une association organisée, vivante, nommant par la
voix du suffrage son président, ses vice-présidents,
son secrétaire, son trésorier, ses conseillers ?

Tous ces dignitaires seront les zélateurs de l'association ; ils seront responsables devant le pasteur ; à leur manière ils auront charge d'âmes ; à eux aussi de se faire apôtres, à eux de recruter de nouveaux associés, et, de même que les membres des conférences de Saint-Vincent de Paul vont visiter leurs pauvres, les zélateurs iront fraternellement visiter à domicile les familles dont la garde leur sera confiée.

Pour les hommes, l'association pourrait se former sous le vocable du patron de la paroisse, ou le vocable de quelqu'une de nos anciennes corporations.

Chaque dimanche il y aurait une *messe pour les hommes*, où il leur serait fait une instruction de huit à dix minutes, un quart d'heure tout au plus.

On tiendrait un registre où seraient inscrits les membres de l'association, et les zélateurs s'informeraient avec charité des raisons des absents.

Chaque mois il y aurait une réunion plus solennelle, et peu à peu on arriverait ainsi à établir la *communion mensuelle, même pour les hommes*. Peut-être n'y en aura-t-il d'abord que huit ou dix ; plus tard ils seront vingt, vingt-cinq ; un jour ils y viendront à peu près tous.

Qui n'a entendu parler, Messieurs, de cette communion générale, qui se fait le troisième dimanche du mois dans plusieurs villes d'Italie, de Belgique et des provinces rhénanes ? Des prêtres nous l'ont affirmé, on a vu là mille, douze cents et quelquefois dix-huit cents hommes communiant ensemble.

Comment est-on parvenu à ce magnifique résultat ? Encore une fois, par la division du travail, par les associations, par les congrégations, par les confréries, par les corporations.

On nous apprend qu'en Angleterre, où le clergé catholique est si actif, si ardent, on procède de cette manière : le premier dimanche du mois a lieu la communion des jeunes filles ; le second dimanche, la communion des femmes mariées ; le troisième dimanche, la communion des jeunes gens et des hommes.

Enfin, Messieurs, il y a une autorité devant laquelle nous devons tous nous incliner avec respect et soumission, c'est l'autorité de Léon XIII, dont la haute intelligence nous a signalé les plaies et les besoins de la société moderne. Vous savez ce qu'il a déclaré dans son encyclique *Humanum genus :* « Ceux qui vivent péniblement du travail de leurs mains, outre que, par leur condition même, ils ont droit à la plus affectueuse bienveillance, demeurent tout particulièrement exposés aux pièges de meneurs perfides et rusés. Il faut donc à tout prix leur venir en aide et *les enrôler dans des associations honnêtes,* de peur qu'ils ne soient entraînés dans les *mauvaises*. C'est pourquoi nous souhaitons vivement que partout, pour le salut du peuple, sous les auspices et le patronage des évêques, *ces associations, ces corporations soient rétablies et adaptées aux besoins des temps nouveaux.* »

Ainsi les hommes seront rattachés à l'Église, rattachés à Dieu et réunis entre eux tout à la fois *par le lien professionnel et par le lien religieux.*

Vous imaginez-vous, Messieurs, quelle force trouverait un pasteur dans une pareille association bien organisée, bien dirigée? C'est une véritable garde d'honneur de l'Église et de la religion pratique ; c'est une phalange de chrétiens fervents et d'apôtres courageux. Le pasteur n'a qu'à donner le mot d'ordre, à faire un signe, et aussitôt voilà des braves qui défendent sa cause, qui est la cause de Dieu, ils attaquent l'erreur, ils redressent le mensonge, ils dissipent les préjugés, ils corrigent les abus ; voilà des cœurs qui se dévouent, des mains généreuses qui s'ouvrent, des bouches éloquentes qui plaident au foyer, au salon, à l'atelier, la cause de la vérité, de la morale et de la religion.

Or, s'il est un temps favorable pour créer une association de ce genre, c'est à la suite d'une mission, quand trois cents, quatre cents hommes sont revenus à la pratique religieuse et désormais déterminés à bien faire.

Les associations de femmes sont assez nombreuses autour de nous. Mais ne semble-t-il pas que nous devions faire beaucoup plus pour les hommes que pour les femmes? Si nous faisons incomparablement moins, pouvons-nous dire que nous avons fait tout ce que nous pouvions faire[1]?

1. A Paris, étant donné le grand nombre de prédicateurs parmi les prêtres séculiers et réguliers, une mission semble plus facile que partout ailleurs.

Comme la plupart des missionnaires ont leurs couvents assez près des églises où ils exercent momentanément le saint ministère, il y a de petites questions, des questions de détail qui se trouvent naturellement simplifiées. Ici nous voyons à l'œuvre les missionnaires. Comme nos braves ouvriers, ils partent de chez eux le matin, ils travaillent toute la journée, ils prêchent, ils font le catéchisme aux enfants, ils entendent les confessions, et le soir, ils rentrent dans leurs cellules.

Il est question, paraît-il, de fonder une œuvre qui faciliterait encore les missions autour de nous. Cette œuvre s'appellerait : l'*Œuvre des Missions de Paris*.

Elle aurait pour but de trouver des zélateurs parmi les prêtres, les hommes du monde, et des zélatrices parmi les femmes chrétiennes : 1° *pour former une sainte ligue de prières ;* 2° *pour seconder à domicile l'apostolat des missionnaires à l'église ;* 3° *pour recueillir des offrandes afin de couvrir les dépenses qu'une mission entraîne toujours.*

Dès maintenant, bien que le comité de cette œuvre ne soit pas encore définitivement constitué, grâce à la générosité d'un digne prêtre qui a au cœur la passion de l'apostolat des hommes, *on est en mesure de seconder efficacement les paroisses dont le budget ne permettrait peut-être pas de faire donner immédiatement une mission.*

X

OBJECTIONS

On dit quelquefois : il faut attendre, le temps
n'est pas opportun ; laissons les esprits se calmer,
se préparer : nous verrons plus tard...

Messieurs, quels que soient les temps, nous ferons
toujours partie de l'Église militante, il faudra toujours travailler, toujours combattre, toujours souf-
frir !

Hélas ! qu'y a-t-il de plus effrayant, de plus
navrant que cette résignation froide avec laquelle
on envisage aujourd'hui la perte des hommes ! Le
prêtre peut-il entendre sans gémir ce que des
mères chrétiennes, des femmes pieuses disent quelquefois avec une désinvolture désolante, en parlant
de leurs maris, de leurs pères, de leurs fils : « Il n'a
pas de religion, que voulez-vous, c'est un homme,
et il est comme les autres, ces messieurs n'en usent
pas. »

Il n'est pas opportun, dit-on, le temps n'est pas
venu de donner une mission ! Mais quand on voit

4.

s'allumer un incendie, n'est-il pas opportun de crier : au feu !

Puisqu'un jour ou l'autre, sous peine de faillir à notre vocation et de forfaire à l'honneur de notre mandat, il faudra bien entreprendre ce travail spécial de *l'évangélisation des hommes*, pourquoi ne pas le commencer tout de suite ?

Nous voulons que les esprits se calment, que les esprits se préparent !... Où donc, Messieurs, et comment ? Par la lecture des journaux ? A l'atelier, au magasin, au cercle, au salon, au club, au café, au cabaret, au fond des loges maçonniques ?

Attendre ! quand plus que jamais l'enfer est déchaîné, quand il s'empare de toutes les positions et s'y fortifie ; quand il recrute ses légions de tous les soldats qu'il nous débauche tous les jours ?

Attendre ! quand nous ne sommes pas cinq contre cent, et que la peur nous démoralise ; quand bientôt il ne sera presque plus possible de faire de nouvelles levées pour le sanctuaire ou de compter sur leur bravoure ?

Attendre ! mais ce serait une triple trahison : à Dieu qui nous a confié sa cause ; à l'Église dont nous sommes les ministres ; aux hommes dont le salut est entre nos mains.

Attendre ! Sera-t-il temps d'agir lorsqu'il ne nous restera même plus assez de terrain pour poser le pied ?

S'il est un reproche à nous faire, n'est-ce pas d'avoir déjà trop attendu ?

Or, Messieurs, pendant que nous attendons, savez-vous ce qui se passe ? L'ennemi n'attend pas, lui ! Selon la parole de saint Ignace de Loyola dans la méditation *De deux étendards*, ne voyez-vous pas qu'il lance ses émissaires sur les hommes de tout âge, de tout rang, de toute condition, sur les jeunes gens, sur les enfants, sur les plus petits enfants ? Bon gré mal gré, il inscrit, il enrégimente les hommes dans ses associations, car il a les siennes, lui aussi, véritables associations de Satan, subversives de tout ordre, de toute morale, de toute religion et de toute société !

Cependant pour revenir à cette colline de Montmartre d'où nous sommes partis au début de cette étude, Notre-Seigneur Jésus-Christ est là, et comme autrefois à la vue de Jérusalem il pleure sur notre grande cité, il pleure sur ses habitants : *Videns civitatem flevit super illam, dicens : quia si cognovisses et tu, et quidem in hac die tua, quæ ad pacem tibi; nunc autem abscondita sunt ab oculis tuis !*

Oh ! si tu savais, lui dit-il, ce que même maintenant, à l'heure présente, je voudrais faire pour te donner la paix !

Mais si *maintenant* personne ne révèle à nos frères les conditions de cette paix que nous offre le Cœur de Jésus, ne faut-il pas craindre une fois de plus les colères de l'amour méprisé, les colères de l'amour indigné ! *Quia venient dies in te, et circumdabunt te inimici tui vallo et coangustabunt te undique et ad terram prosternent te et filios tuos qui in te sunt et non relinquent in te lapidem super lapidem, eo quod non cognoveris tempus visitationis tuæ !*

Qui donc maintenant fera connaître à tous ces hommes plongés dans l'indifférence et dans le mal, ou bien emportés par le plaisir et les affaires, le *temps de la visite et les propositions de notre Roi pacifique, le Seigneur Jésus ?*

C'est vous, Messieurs, oui vous tous, prêtres si pieux, savants et zélés, tout dévoués au Cœur sacré de Jésus. Courage ! Vous savez les promesses qu'il nous a faites ! *Je donnerai,* dit-il, *aux prêtres qui me seront consacrés le talent de toucher les cœurs les plus endurcis.*

Ainsi donc en avant ! Forts de cette promesse, allons droit aux hommes ! Nous les convertirons, nous les sauverons, et le cœur de Jésus sera aimé, consolé et glorifié !

XI

PRIÈRE DU B. GRIGNON DE MONTFORT

Il y a quelques jours, Messieurs, nous avons célébré les fêtes de la béatification d'un grand missionnaire français, le B. Grignon de Montfort ; Écoutez la prière qu'il faisait tous les jours ?

« Exaucez, Seigneur, les desseins de votre miséricorde et suscitez les hommes de votre droite, tels que vous les avez montrés, en donnant des connaissances prophétiques à quelques-uns de vos plus grands serviteurs, à un saint François de Paule, à un saint Vincent Ferrier, à une sainte Catherine de Sienne et à tant d'autres grandes âmes.

« O grand Dieu ! envoyez de bons ouvriers dans votre Église ; souvenez-vous des prières que vos serviteurs et vos servantes ont faites à ce sujet depuis tant de siècles ; que leurs vœux, leurs sanglots, leurs larmes, et leur sang répandu viennent en votre présence ; mais souvenez-vous surtout de votre cher Fils, *respice in faciem Christi tui !* Son sang répandu vous crie hautement miséricorde, afin que son empire soit établi sur celui de ses ennemis.

« *Tempus faciendi, Domine : dissipaverunt legem*

tuam ; les torrents de l'iniquité inondent toute la terre et entraînent jusqu'à vos serviteurs. Laisserez-vous ainsi tout à l'abandon, juste Seigneur, Dieu des vengeances? Vous tairez-vous toujours? Ne faut-il pas que votre règne arrive? N'avez-vous pas montré par avance à quelques-uns de vos amis une future rénovation de votre Église? Envoyez votre Esprit-Saint sur la terre pour y créer des prêtres tout de feu, par le ministère desquels la face de la terre soit renouvelée et votre Église ré-formée.

« Une fumée d'honneur, un intérêt de néant réu-nit une multitude d'hommes qui, quoique tous divisés, s'unissent cependant pour vous faire la guerre.

« Et vous, grand Dieu, quoiqu'il y ait tant de gloire et tant de profit à vous servir, quasi personne ne prendra votre parti en main !

« Ah ! permettez-moi de crier partout : *au feu ! au feu ! à l'aide, à l'aide !* Au feu dans les âmes ! Au feu jusque dans le sanctuaire ! A l'aide de notre frère qu'on assassine, à l'aide de nos enfants qu'on égorge, à l'aide de notre Père qu'on poignarde !

. « *Qui Domini est jungatur mihi !* Que tous les bons prêtres qui sont répandus dans le monde viennent et se joignent à nous, *vis unita fortior*, afin que nous fassions sous l'étendard de la Croix une armée bien rangée en bataille pour attaquer de concert les en-

nemis de Dieu qui déjà ont sonné l'alarme : *fremue-*
runt... Dirumpamus vincula eorum.

« *Qui habitat in cœlis irridebit eos. Exsurgat*
Deus et dissipentur inimici ejus !

« Seigneur, Seigneur, levez-vous ; pourquoi sem-
blez-vous dormir ? Levez-vous dans toute votre puis-
sance pour vous former une compagnie choisie de
gardes du corps, pour défendre et sauver ces âmes
qui vous coûtent tout votre sang.

« *Utinam omnes prophetent !* »

A. M. D. G.

« Je suis l'alpha et l'oméga, le commencement et la fin. »
D'après un sceau du XIVe siècle.

TABLE DES CHAPITRES

FIN

9 782329 690070